Tres veces Miguel Hidalgo

TESTIMONIOS SOBRE HIDALGO Y EL MOVIMIENTO DE INDEPENDENCIA

Natalia Ferreiro Reyes Retana

Ilustraciones de Alejandro Magallanes

LA OTRA ESCALERA

CASTILLO

LUCAS ALAMÁN

FRAY SERVANDO
TERESA DE MIER

LORENZO DE ZAVALA

Un paréntesis: conservadores y liberales

Con la palabra *conservador* se suele designar a quien tiene resistencia al cambio y, por lo tanto, prefiere lo que le es familiar. Alamán pensaba que lo mejor era cambiar poco a poco, y se oponía a una ruptura total con el pasado. Creía conveniente mantener ciertas reglas políticas, sociales y administrativas de la colonia. Consideraba que el país debía ser gobernado desde el centro por un monarca, y que sólo de ese modo la *transición* de la vida colonial a la vida independiente sería pacífica, pues la nueva forma de gobierno se parecería a la anterior.

Claro que, en su opinión, a la cabeza del gobierno debían estar los criollos.

Aunque los tres quisieron ser *objetivos,* en sus escritos continuamente salen a flote sus preferencias e ideas, que en aquella época podían ser conservadoras, liberarles o *combinadas* (podían ser conservadores con algo de liberales o liberales con algo de conservadores). Alamán era un conservador con ideas económicas liberales; Zavala era liberal y Mier un liberal ambiguo (no era nada conservador pero sí muy crítico de los liberales).

Los tres escribieron con la idea de *esclarecer los hechos,* pero también para impugnar lo dicho por sus rivales. Mier, por ejemplo, rebate a Juan López Cancelada, redactor de la *Gaceta de México* y Lucas Alamán dice que quiere combatir la versión de la guerra de independencia que da Carlos María de Bustamante en su libro *Cuadro histórico de la revolución mexicana.*[2] Gracias a los testimonios de estos hombres podemos conocer opiniones de primera mano[3] sobre el movimiento encabezado por Miguel Hidalgo y Costilla y entender mejor cuáles eran los planes e ideas del padre de la patria.

[2] Mediante su escrito Fray Servando Teresa de Mier rebate lo dicho por Juan López de Cancelada en su libro *Origen de la revolución de Nueva España, comenzada el 15 de septiembre de 1810.* El español López de Cancelada escribió este texto en Cádiz en 1811, debido a que fue desterrado al ser acusado de traicionar al gobierno español.

Carlos María de Bustamante fue contemporáneo de Mier, Zavala y Alamán. También vivió y participó en el proceso de independencia y dejó su visión sobre él en el libro *Cuadro histórico de la revolución mexicana,* texto que a decir de Alamán está lleno de fantasías y falsedades, mismas que pretende corregir al dar su propia versión de los hechos. El libro de Bustamante, a diferencia del de Alamán, se caracteriza por una gran pasión patriótica que lo movió a explicar el proceso histórico de la independencia como una historia de héroes y villanos.

[3] Llamamos fuentes para la historia a los documentos y escritos que dan noticia de ciertos hechos o sucesos. Estas fuentes pueden ser de primera mano, es decir contemporáneas a los hechos, y a veces están escritas por los propios protagonistas; y de segunda mano, es decir, escritas tiempo después, como este libro u otros estudios.

INTERESES PARECIDOS, IDEAS DIFERENTES

Mier, Zavala y Alamán eran criollos, es decir, habían nacido en la Nueva España de padres españoles. Sus familias eran acomodadas o, lo que es lo mismo, tenían recursos suficientes para vivir sin preocupaciones.

Alamán estudió minería, Zavala teología y Servando Teresa de Mier se ordenó fraile; los tres tenían en común su interés por la política y participaron, cada uno a su modo y a su tiempo, en la conformación de la nación mexicana.

De Zavala se habla poco y mal, pues fue tachado de traidor por actuar en favor de la independencia de Texas, territorio originalmente mexicano.

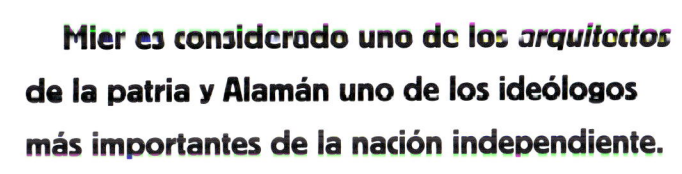

Mier es considerado uno de los *arquitectos* de la patria y Alamán uno de los ideólogos más importantes de la nación independiente.

4

LO INESPERADO

Si nos fijamos en lo que don Miguel Hidalgo y Costilla gritó el 16 septiembre de 1810, resulta difícil creer que sus palabras marcarían el principio del movimiento de independencia de nuestro país. Los testimonios de quienes lo conocieron se contradicen: por un lado, alguien opina que Miguel Hidalgo no pensaba hacer de Nueva España un territorio independiente, sino luchar contra el *mal gobierno* local; por otro lado, alguien afirma que sus intenciones sí eran conseguir la independencia, pero que las disfrazó con la consigna de ¡Viva Fernando VII!

Para entender mejor las razones de ese grito vale la pena recurrir a los testimonios de tres personas que vivieron al mismo tiempo que Hidalgo y que fueron testigos y partícipes del movimiento de independencia. Esas personas son fray Servando Teresa de Mier, Lorenzo de Zavala y Lucas Alamán.

En los años que siguieron a la consumación de la independencia, mucha gente escribió sobre lo ocurrido durante la guerra y sus antecedentes. Entre quienes escribieron se encontraban estos tres personajes. Cada uno habló de acuerdo con su experiencia, por eso las opiniones sobre el cura Hidalgo y sobre lo que pasó antes y durante el movimiento armado son distintas y a veces contradictorias.[1]

"¡Viva la religión!
¡Viva Nuestra Señora de Guadalupe!
¡Viva Fernando VII!
¡Muera el mal gobierno!"

Éste fue el grito con el que don Miguel Hidalgo comenzó el movimiento de independencia de México.

[1] Fray Servando Teresa de Mier dio testimonio de los primeros años de la lucha independentista a través de su libro *Historia de la revolución de Nueva España, antiguamente llamada Anáhuac, o verdadero origen y causas de ella con relación de sus progresos hasta el presente año de 1813*. Fue publicado por primera vez en Londres, en 1813.

Lorenzo de Zavala, dejó su visión sobre el episodio histórico de la independencia en el libro *Ensayo crítico de las revoluciones de México desde 1808 hasta 1830*. Este texto se dio a conocer en París en 1830.

Lucas Alamán dejó memoria de los acontecimientos relacionados con la independencia de México y sus primeros años como nación independiente en los volúmenes titulados *Historia de Méjico desde los primeros movimientos que prepararon su independencia en el año de 1808 hasta la época presente*. Esta obra se publicó en México entre 1849 y 1852.

En el siglo XIX se le decía *liberales* a quienes estaban a favor de un gobierno republicano y democrático, completamente distinto al modelo colonial; un gobierno así proponía que todos participaran en la elección de los gobernantes y que las decisiones importantes se tomaran considerando la opinión del pueblo. Los liberales estaban convencidos de que toda la gente debía asistir a la escuela y tener las mismas oportunidades para mejorar su situación económica e intelectual; también se oponían a que la iglesia católica tuviera privilegios y grandes riquezas, pero no estaban en contra de la fe cristiana y fomentan la tolerancia hacia otras religiones.

Para un liberal como Zavala, el periodo colonial fue un tiempo de sujeción, de atraso. Consideraba que la forma de gobierno colonial era tan opresiva que impedía a los hombres pensar y expresarse. Por ello, creía que todos los mexicanos debían borrar de su mente esa época y comenzar a expresar sin miedo sus diferencias de intereses.

Fray Servando Teresa de Mier simpatizaba con muchos aspectos del liberalismo, aunque también manifestaba cierto desprecio por estas ideas, al ver que los liberales no siempre hacían lo que planteaban.

AHORA ES CUANDO: CAUSAS QUE ORIGINARON LA INDEPENDENCIA

Fray Servando considera que México se independizó gracias a que Francia invadió España en 1808.[4] Cuando los franceses ocuparon tierras españolas obligaron al monarca, Fernando VII, a dejar el poder. Esta acción causó un gran desconcierto entre los españoles y los habitantes de las colonias, incluida Nueva España. Nadie sabía bien qué estaba pasando y el desorden fue mayor cuando empezaron a instaurarse juntas gubernativas por todos lados en nombre del monarca destituido.

En la Nueva España, el ambiente de inestabilidad e incertidumbre aumentó severamente cuando el 15 de septiembre de 1808 un grupo de comerciantes de la ciudad de México, apoyados por la Audiencia y el Arzobispado, aprendió en el Ayuntamiento de la ciudad al virrey José de Iturrigaray, acusado de conspirar contra la corona española.[5] Para Mier esta fue la gota que derramó el vaso, pues la vieja rivalidad entre europeos y americanos, es decir entre los peninsulares y los criollos, se intensificó y suscitó el interés de otros sectores de la sociedad novohispana.[6]

"Toda la América —dice fray Servando— ardía en chismes, espionaje, delaciones, procesos, encarcelamiento y destierros, que recordaron todos los horrores de los conquistadores, recrudecieron todas las llagas y excitaron un clamor general en el Nuevo Mundo". Las llagas de las que habla Mier son el resentimiento y la inconformidad por el maltrato y las injusticias, las cuales se hicieron más profundas con las reformas implantadas desde España en los últimos tiempos de la Colonia. Estas reformas aumentaron los impuestos y restringieron el acceso de los criollos a las altas esferas de poder.[7] Por eso, explica Mier, no debe extrañar que tantos miembros del ejército y del clero participaran en el movimiento iniciado por Hidalgo, inconformes no sólo por las iniquidades y abusos, sino porque los españoles les impedían ocupar mejores puestos en el gobierno, en la iglesia y en el ejército de la Nueva España.

[4] La invasión francesa a España, encabezada por Napoleón Bonaparte, inició en mayo de 1808 y duró hasta 1814.

[5] Debido a la inestabilidad provocada por la ausencia del monarca español durante la invasión francesa, el virrey de la Nueva España José de Iturrigaray convocó a la formación de una junta gubernativa, como las que se organizaron en España para resistir al gobierno de José Bonaparte, hermano de Napoleón. Pero las autoridades de la Audiencia y el Arzobispado se opusieron y dieron un golpe de Estado, es decir, quitaron abruptamente al virrey de su puesto.

[6] A las personas nacidas en España pero que vivían en América, se les llamaba europeos, españoles o peninsulares. Criollos eran los hijos de españoles nacidos en América. También son considerados criollos los hijos de criollos, como Miguel Hidalgo.

[7] Se llaman reformas borbónicas a una serie de cambios administrativos y de gobierno impuestos en los últimos años del siglo XVIII por los reyes Carlos III y Carlos IV en todos los territorios dominados por la corona española. El encargado de implantar las medidas en la Nueva España fue José de Gálvez. El objetivo principal era centralizar el poder, aumentar los mecanismos de control sobre las autoridades locales y acrecentar la contribución monetaria de la colonia novohispana a la metrópoli española.

10

Para Lorenzo de Zavala el origen del movimiento de independencia de México (que no tuvo una sino varias expresiones) también fue la invasión francesa encabezada por Napoleón Bonaparte. Zavala explica que el desconcierto y el desorden que reinó entre las autoridades de la Nueva España cuando se tuvo noticia de la invasión, significó un *mal ejemplo* para el grueso de la población del virreinato, que vio entonces una oportunidad para protestar por la situación de desventajas que se vivía. Además, muchos consideraban que el gobierno establecido para sustituir al virrey Iturrigaray no era legítimo,[8] lo que acrecentó las diferencias entre españoles y criollos y encendió aún más los ánimos de la gente opositora al "mal gobierno", como lo llamaban.

Por si fuera poco, las cortes o juntas de gobierno reunidas en España para combatir al poder instaurado por los invasores franceses, comenzaron a hablar de darle cierta autonomía a los territorios americanos. De hecho, los diversos virreinatos fueron convocados a enviar representantes a las cortes, lo que fomentó en la Nueva España no sólo la idea de destituir al gobierno impuesto por la Audiencia y el Arzobispado sino el ideal de obtener la soberanía y la libertad.

Alamán coincide con Mier y Zavala con respecto a las causas de la lucha independentista, y asegura que la imposición de la Audiencia y el Ayuntamiento retrasó un poco el levantamiento que ya se había estado gestando de tiempo atrás por las crecientes rivalidades entre criollos y peninsulares.[9]

[8] Al gobierno que sustituyó al virrey Iturrigaray se le acusó de ilegítimo por no haber emanado del mandato del monarca sino de un grupo, la Audiencia y el Arzobispado, que —se decía— sólo velaba por sus propios intereses.

[9] Las causas de la rivalidad entre criollos y peninsulares se volvieron muy visibles desde 1765, con la implementación de las reformas borbónicas, las cuales restringieron el acceso de los americanos —es decir, de las personas nacidas en la Nueva España—, a los círculos más amplios del poder. Con ello disminuyó, aún más, la posibilidad de movilidad social. El desarrollo económico de la Nueva España se frenó para mejorar la situación económica de España, que se encontraba en continuas guerras con Inglaterra y Portugal. Dejaron de fomentarse industrias locales, con excepción de la minería, pero la plata no se quedaba en tierras novohispanas sino que se enviaba directamente a España. Apurada por las deudas, España dispuso (a partir de 1804) del capital de la iglesia católica novohispana, lo que afectó también a los deudores de ésta, entre quienes había agricultores, mineros y comerciantes. La situación de una parte gruesa de los habitantes nativos del territorio novohispano había sido alterada y la incomodidad se hizo más patente.

HIDALGO... ¿IMPROVISABA?

Fray Servando asegura que nunca se supo cuál era el plan de acción ni de gobierno de Hidalgo. Pero explica que la sublevación encabezada por él "no peleaba contra Fernando VII, a quien aclamaban sus tropas y banderas, sino contra el gobierno opresor de los americanos".

A decir de Mier, Hidalgo quería proteger a la Nueva España del peligro que representaban las potencias europeas, en especial la Francia invasora, con la cual, se creía, el gobierno colonial estaba confabulado.

Si Hidalgo tenía un plan de acción y de gobierno, *no lo sabemos*, parece decir Zavala: "no hizo manifiesto que diese a entender sus intenciones". Considera que los rebeldes de este movimiento no buscaban sacudirse el yugo colonial sino fortalecerse para repeler al enemigo común de la Nueva España y su metrópoli, es decir, para hacer frente a un posible ataque francés y rechazar a los *afrancesados,* como se llamaba al gobierno *ilegítimo* de la Nueva España que había depuesto al virrey Iturrigaray.

Sin embargo, Zavala piensa que la oposición a los franceses formaba parte de "los primeros impulsos de un sentimiento natural: auxiliar a los hermanos oprimidos"; es decir, que, *en el fondo,* Hidalgo sí luchaba por un trato más justo para la mayoría de la gente.

Alamán afirma que el cura de Dolores no tenía un plan de gobierno al iniciar su movimiento armado, pero considera que su objetivo siempre fue obtener la independencia de la Nueva España, si bien disfrazaba sus aspiraciones bajo el grito de ¡Viva Fernando VII!

Aunque el de Alamán parece un testimonio halagador, también incluye una severa crítica. Según él, el modo de operar del ejército de Hidalgo era el saqueo y el desorden, lo cual —continúa— ayuda a entender la gran cantidad de adeptos que ganó. La tropa que siguió a Hidalgo, explica Alamán, pensaba la independencia "como un campo de flores, sin riesgo de encontrar ninguna espina, no deteniéndose a pensar en el sistema que había de adoptarse. No veían delante de sí más que empleos, honores y riquezas".

15

TRES RETRATOS DEL CURA HIDALGO

Fray Servando describe al cura de Dolores como un hombre generoso, inteligente, despilfarrador, carismático, emprendedor y culto, lo que le hizo ser muy querido por sus feligreses y amigos.

FRAY SERVANDO TERESA DE MIER

Para él, Hidalgo era una persona de convicciones firmes que estaba dispuesto a luchar por los derechos que le daba haber nacido en tierras de América, demanda que compartió con una parte gruesa de la población que no dudó en unírsele.

Zavala es de los primeros en considerar a Miguel Hidalgo y Costilla como padre de la independencia de México y libertador de los mexicanos. Considera que su sublevación significó un acto heroico, pero también afirma que ese acto se convirtió en irresponsable por falta de organización interna y por no ofrecer garantías a los enemigos.

LORENZO DE ZAVALA

Los constantes saqueos infundieron temor y mucha gente comenzó a desconfiar del movimiento encabezado por Hidalgo y a retirarle su apoyo, concluye Zavala.

17

LUCAS ALAMÁN

Miguel Hidalgo y Costilla era, según Lucas Alamán, jugador, franco y despilfarrador, hombre astuto y taimado como un "zorro", apelativo con el que de hecho le llamaban. Hidalgo fue aficionado a la lectura y en ella, dice Alamán, encontró su primera motivación para tomar las armas, sobre todo en el relato *La conspiración de Catilina* y en un libro que ilustraba cómo hacer cañones.[10]

Desafortunadamente, Alamán cree que, a pesar de sus muchas cualidades, Hidalgo no pudo controlar su fama. Avanzada la lucha, incluso pidió que le llamaran *Alteza Serenísima*, lo que le acarreó problemas con otros líderes como Ignacio Allende.[11] En opinión de Lucas Alamán, Hidalgo se vio desbordado por su propio movimiento; su poder de mando, al parecer, resultó débil frente a unas huestes violentas.

Por eso, dice Alamán, cuando Hidalgo fue capturado y hecho prisionero experimentó una gran congoja que lo hizo decir: "Yo veo la destrucción de este suelo que he ocasionado, las ruinas de los caudales que se han perdido, la infinidad de viudas y huérfanos que he dejado, la sangre que con tanta profusión y temeridad se ha vertido, y lo que no puedo decir sin desfallecer, la multitud de almas que por seguirme están en los abismos". Sentimientos que, a decir de Alamán, no envilecen al insurgente sino que, antes bien, lo honran.

---

[10] *La conspiración de Catilina* es una obra escrita por Cayo Salustio Crispo. Este relato que remite a la última fase de la República romana, en el año 63 a. C. narra la historia de Catilina, funcionario de la República en África que se presentó como candidato al consulado en Roma, pero que al ser acusado de malversación de fondos no pudo contender al puesto. En respuesta, Catilina reclutó a un ejército, compuesto por campesinos caídos en desgracia (a causa de la expropiación de sus tierras) y por los vecinos de su ciudad natal, para quitar de sus puestos a los cónsules y asumir el gobierno.

[11] En efecto, Hidalgo pidió que así le llamaran. Incluso a partir de su derrota en Puente de Calderón, cerca de Guadalajara, cuando fue destituido como jefe de las fuerzas armadas insurgentes, continuó siendo *su alteza* por poseer el liderazgo político, aunque dejó de ser el *generalísimo* debido a que se le achacó a su impericia el revés militar.

UN GRAN LÍDER, PERO ¿UN MAL ESTRATEGA?

Miguel Hidalgo y Costilla era un hombre con visión y capacidades militares, nos dice Mier. Por eso el cura procuró organizar con prontitud a los hombres que conformaron su ejército. Con este fin nombró oficiales, acuñó moneda y fundió cañones.

El problema, dice el fraile, era que las municiones resultaron insuficientes, de ahí el fracaso y luego la captura y fusilamiento del insurgente.

Sin embargo, recalca Mier, Hidalgo era un líder tan fuerte que gracias a él germinó la semilla de la insurgencia en una gran cantidad de poblaciones en la Nueva España.

Para Zavala fue desastroso que el ejército insurgente estuviera conformado por una mayoría de gente sin recursos, principalmente indígenas. Califica a toda la gente que siguió a Hidalgo de indisciplinada, inculta e indomable y piensa que se sumó al movimiento del cura por no tener nada que perder. Según él este ejército procedía con desorden, sin mostrar noción alguna de instrucción militar, a pesar de que muchos de sus oficiales eran militares disidentes del ejército realista, es decir, del ejército que estaba bajo las órdenes del rey.

Zavala reconoce que también había gente ilustrada, casi todos clérigos conscientes de la idea de soberanía y libertad, pero que en los momentos de lucha se notaba que no eran muchos.

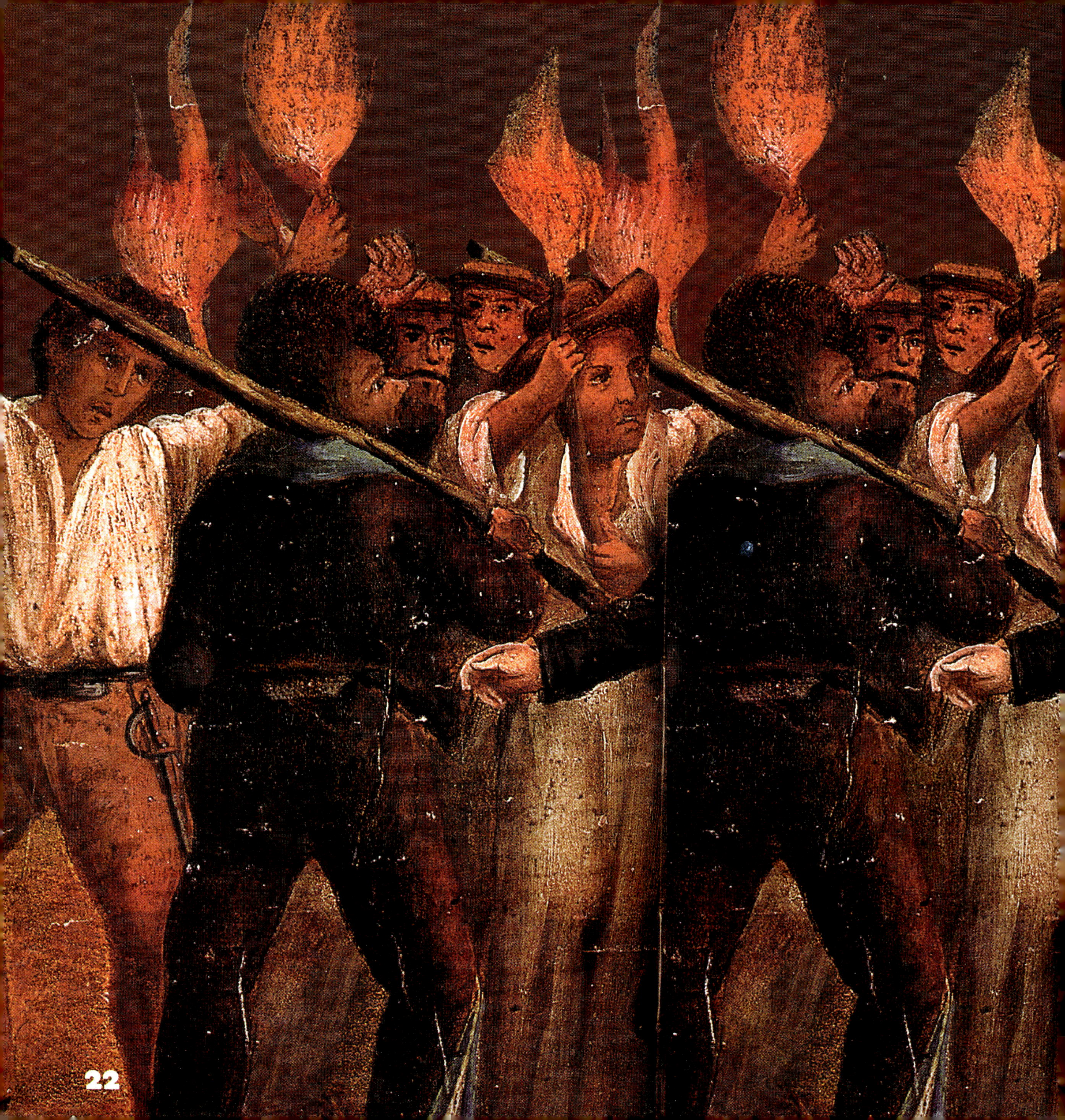

Alamán también opina que el ejército insurgente estaba conformado por masas incultas y ávidas de robo, que encontraron en la insurrección un aliciente más para continuar ese modo de vida. Cuenta que la caballería estaba formada por vaqueros, la infantería por indígenas apenas armados de piedras y palos, lo que hacía que "todo presentase el aspecto más bien de tribus bárbaras que emigran de un punto a otro". Con el fin de dotar de cierta estructura al ejército insurgente, Hidalgo distribuyó diferentes cargos militares. El problema, dice Alamán, es que para conseguirlos no había más que pedirlos. De forma que "cuando no había nada que pudiese merecer el nombre de ejército, abundaban ya los coroneles y oficiales de todas graduaciones".

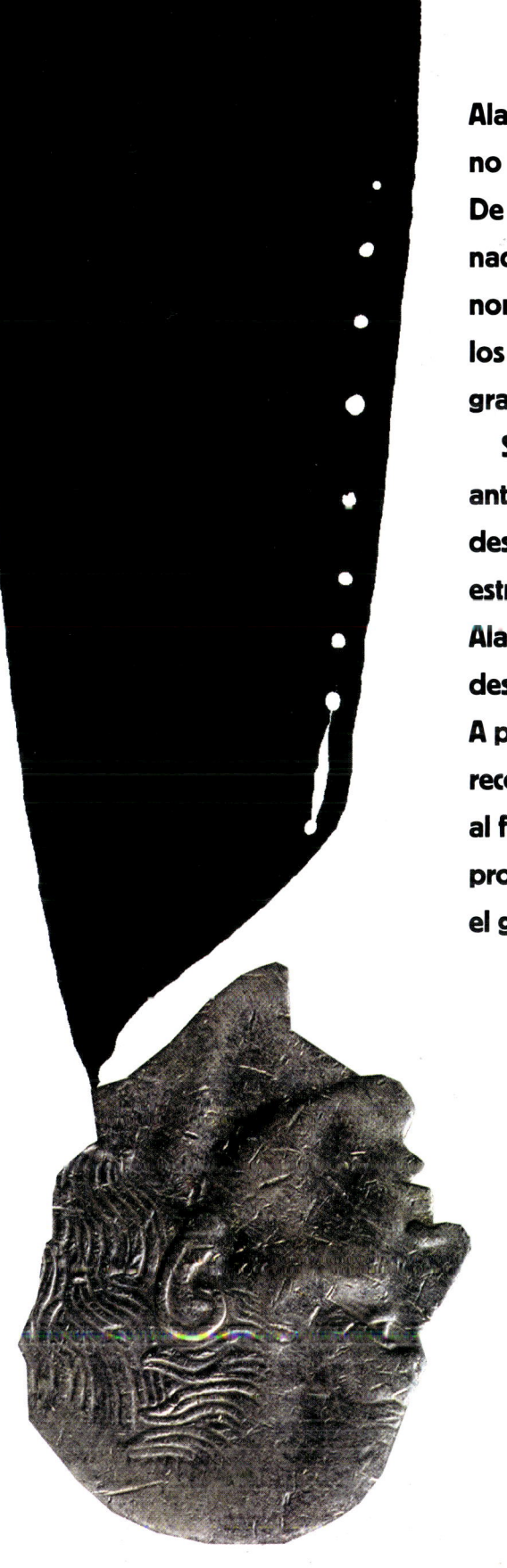

Si hacemos caso a la descripción anterior, Miguel Hidalgo era desorganizado, carecía de nociones estratégicas e incluso —asegura Alamán— con sus actos fomentaba la desorganización y las riñas internas. A pesar de todo, este autor reconoce en el cura de Dolores al forjador de los emisarios que propagaron en todo el territorio el germen de la insurrección.

LA DERROTA DE HIDALGO: ¿TRAICIÓN, DESORDEN?

De acuerdo con fray Servando Teresa de Mier, la derrota del movimiento armado que encabezó Miguel Hidalgo y Costilla se debe a tres causas principales. La primera fue la dispersión de la tropa insurgente por diversas provincias, la segunda su inferioridad numérica frente al ejército realista y la tercera la escasez de armas. Sin embargo, la derrota final se debió a la traición del insurgente Elizondo, quien convencido por el capitán Laredo de pasarse del lado de la contrarrevolución, entregó a sus compañeros en Acatita de Baján.

En opinión de Zavala, el motivo principal de la derrota de Miguel Hidalgo fue la desorganización reinante en sus tropas. La falta de un plan y la escasa o nula preparación militar de los revolucionarios los volvió presa fácil del ejército realista comandado por el militar español, oficial del ejército realista, Félix María Calleja, quien tras sus sonadas victorias sobre los insurgentes asumió el cargo de virrey de la Nueva España (de 1813 a 1816).

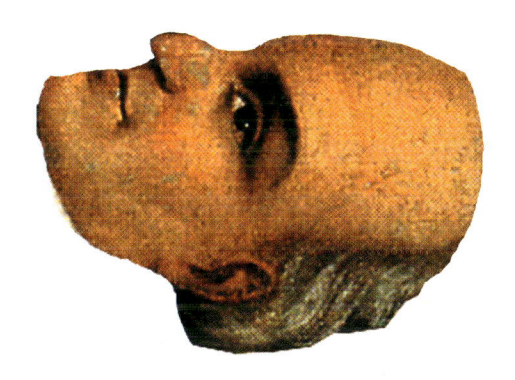

Al igual que Mier, Alamán cree que la derrota de Hidalgo se debió a la traición de Elizondo, pero asegura que ésta se debió a que el *generalísimo,* como llamaban a Hidalgo, no le concedió las prerrogativas que pedía. Es decir, se trató de una traición propiciada por "el sistema atroz, impolítico y absurdo que Hidalgo siguió", dice Alamán. Este sistema, continúa, permitía el abuso en la concesión de empleos y grados militares, lo que generó rivalidades internas, entorpeció la organización de la tropa y dilapidó los fondos, de por sí escasos.

LAS PROCLAMAS DE HIDALGO: EL AFÁN DE JUSTICIA

Tanto Mier como Zavala y Alamán coinciden en decir que Miguel Hidalgo no dejó escrito ningún plan de acción, ni de gobierno. Sin embargo, existen proclamas o discursos escritos por el insurgente que nos ayudan a conocer las intenciones y aspiraciones que tenía al iniciar su lucha armada.

Primera proclama: "nuestra intención no es matarlos", pero…

La *Primera proclama formal de Hidalgo* no está fechada, pero se piensa que pudo haberla pronunciado pocos días después de que se levantó en armas. En este documento se refiere a los españoles como a los opresores y los culpables del dolor de los americanos, pero aclara: "no penséis por esto que nuestra intención es matarlos; no, porque esto se opone diametralmente a la Ley Santa que profesamos. A ellos les toca, según el plan de nuestra empresa, no resistir a una cosa en que no se hace agravio, que es restituirlos a suelo patrio y nosotros defendernos con nuestras armas en caso de forzosa defensa".

¿Estas palabras significan que la intención del cura Hidalgo era terminar con el dominio de la monarquía española sobre los territorios novohispanos y conquistar la independencia? Con su proclama Hidalgo parece responder así a esta pregunta: "vivid seguros de que Fernando VII ocupa el mejor lugar en nuestros corazones. Por conservarle a nuestro rey estos preciosos dominios y [evitar] el que por ellos [los peninsulares] fueran entregados [los territorios] a una nación abominable [Francia], hemos levantado la bandera de la salvación de la patria poniendo en ella a nuestra universal patrona, la siempre Virgen María de Guadalupe".

Parece que hasta este momento la lucha del cura Hidalgo tenía como objetivo a los peninsulares que mantenían para ellos los cargos de dirección y de poder mas altos en los territorios americanos y que no dejaban que las personas nacidas en las colonias pudieran acceder a esos mandos. No habla en esta primera proclama de derrocar al rey, ni de luchar por hacer de México una nación libre y soberana, es verdad, pero sí expone la necesidad de que los americanos intervengan en las estructuras de gobierno de sus territorios, es decir, que los nacidos en Nueva España se gobiernen a sí mismos sin permitir más que el mando lo tengan los venidos de la península ibérica.

EL "PLAN DE GOBIERNO AMERICANO": LOS PASOS DE HIDALGO

Miguel Hidalgo y Costilla entregó a José María Morelos y Pavón un documento titulado *Plan de gobierno americano*, fechado el 16 de noviembre de 1810. En este texto, el cura de Dolores expone las medidas que cree oportuno tomar en esos momentos de la lucha armada; esas medidas fueron las siguientes:

- Crear un Congreso con diputados criollos que durante la ausencia de Fernando VII, sostuviera los derechos del monarca.
- Destituir a los peninsulares de los puestos de gobierno.
- Abolir el sistema de pensiones y gravámenes para liberar de cargas fiscales a la población.
- Plantea que toda la población sea denominada genéricamente *americanos*.
- Extinguir el tributo y abolir la esclavitud.
- Restituir a los pueblos sus tierras.
- Liberar a todos los reos.
- Eliminar las deudas de americanos a europeos mediante el concepto de confiscación de bienes.
- Hacer válida la deuda de españoles a criollos.
- Mantener la religión católica.
- Conservar los puestos a los eclesiásticos que no se opongan al gobierno del Congreso.
- Prohibir sacar moneda de la Nueva España a otros territorios, excepto en casos de transacciones comerciales. (Hidalgo pensaba que esta medida permitiría que en breve tiempo fueran todos "ricos y felices").
- Aumentar las rentas con los bienes que les fueron quitados a los europeos adversos a la causa revolucionaria.
- Establecer tropas voluntarias en los pueblos.

En este escrito Miguel Hidalgo plantea algunas acciones muy generales (por ejemplo, la cuarta) y otras muy específicas (un ejemplo es la séptima); pero unas y otras dejan ver con mayor claridad que busca mejorar la posición de los criollos y los pueblos del antiguo Anáhuac frente a los peninsulares. Este documento, además, fue la herencia de un líder revolucionario (Hidalgo) a otro (Morelos).

Sin embargo, después de leer lo anterior, es posible que nos asalte la pregunta: ¿Realmente buscaba Miguel Hidalgo la independencia?

Otro paréntesis: tres personajes decisivos

Vale la pena recordar que, junto a Miguel Hidalgo, José María Morelos y Pavón, Vicente Guerrero y Agustín de Iturbide también fueron personajes decisivos en el proceso independentista y que cada uno tenía demandas específicas y proyectos de nación particulares

El cura de Carácuaro, Michoacán, José María Morelos y Pavón, conoció a Miguel Hidalgo en el camino de Charo a Indaparapeo, desde donde partió al sur con la consigna de propagar el movimiento armado. Las ideas de Morelos toman un tinte más radical y más explícito que las de Hidalgo.

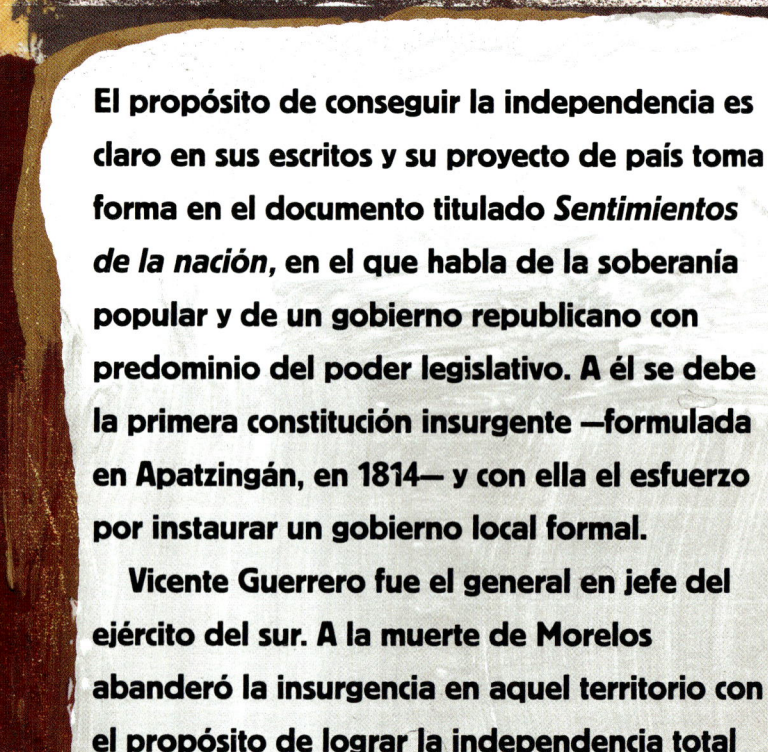

El propósito de conseguir la independencia es claro en sus escritos y su proyecto de país toma forma en el documento titulado *Sentimientos de la nación*, en el que habla de la soberanía popular y de un gobierno republicano con predominio del poder legislativo. A él se debe la primera constitución insurgente —formulada en Apatzingán, en 1814— y con ella el esfuerzo por instaurar un gobierno local formal.

Vicente Guerrero fue el general en jefe del ejército del sur. A la muerte de Morelos abanderó la insurgencia en aquel territorio con el propósito de lograr la independencia total bajo el cobijo de la constitución de Apatzingán.

Rechazó las leyes promulgadas en Cádiz en 1812 por considerarlas excluyentes (no igualitarias para todos los americanos). Por ello, este líder mestizo suele ser visto como la contraparte de Agustín de Iturbide, el oficial realista con quien finalmente tuvo que pactar la realización del sueño independentista. Guerrero se dio cuenta de que sin el apoyo de los militares criollos que se habían mantenido fieles a la Corona, la realización de las aspiraciones independentistas se desdibujaba. Con la alianza de insurgentes y realistas entonces nació el ejército trigarante.

Agustín de Iturbide fue hasta 1820 coronel del ejército realista. Por su combate a los insurgentes alcanzó el grado de comandante del ejército del norte. Si bien mostraba simpatía a la postura autonomista, condenaba la violencia desmedida y el saqueo de las propiedades españolas. Poco a poco adoptó la idea de México como nación independiente bajo la forma de una monarquía constitucional. El monarca debía ser Fernando VII, un miembro de su familia o de alguna dinastía europea que gobernaría guiado por una constitución que sería la de Cádiz hasta que México redactara la propia, con la cual se buscaría unificar a los americanos. El documento que presenta la idea de nación de Iturbide es el Plan de Iguala: para él todos los residentes del territorio mexicano eran parte de la nación, no sólo los nacidos en él.

EL MANIFIESTO DE MIGUEL HIDALGO Y COSTILLA: NUEVAS LEYES PARA UN PUEBLO NUEVO

Tal vez echar un vistazo a un tercer documento escrito por el *generalísimo* nos dé más herramientas para despejar las dudas. Se trata del *Manifiesto* pronunciado en la ciudad de Guadalajara por Hidalgo el 15 de diciembre de 1810.

En este manifiesto, Hidalgo retoma la idea de formar un Congreso, pero especifica que "debe estar compuesto por representantes de todas las ciudades, villas y lugares de este reino". La función de este Congreso era dictar "leyes suaves, benéficas y acomodadas a las circunstancias de cada pueblo" para desterrar "la pobreza, moderando la devastación del reino y la extracción de su dinero", y procurar que la riqueza del suelo americano no saliera a otro país.

En este texto ya no se menciona al monarca español, aunque todavía se habla de México como de un reino. Sin embargo, lo más importante es que, a tres meses del grito de Dolores, Miguel Hidalgo explica en su Manifiesto que el objetivo de alzarse en armas era "romper estos lazos de ignominia con que nos han tenido ligados tanto tiempo". Con estas palabras se deja ver de forma más clara la idea de contar con autonomía y un gobierno propio. La América, como llamaban a la Nueva España, merecía recoger y disfrutar sus propios frutos.

¡VIVA HIDALGO!

La historia del movimiento armado que dio pie a la independencia de México está llena de matices, como lo está toda la historia de México. Los testimonios del cura Hidalgo y de sus contemporáneos nos acercan al ambiente de la época, nos hacen ver que no hay explicaciones únicas y que los hechos son susceptibles de diversas interpretaciones.

En el movimiento de independencia, las aspiraciones y necesidades se fueron transformando y los medios para alcanzarlas también. Sin embargo, es indudable que la actuación de Miguel Hidalgo y Costilla fue determinante en la conformación de México como nación independiente.

Por ello, con toda justicia, podemos llamar a Hidalgo el padre de la patria.

34

35

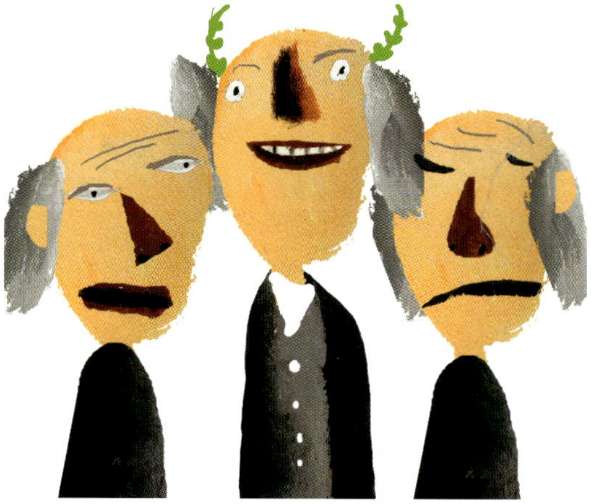